Geisteswirken
im täglichen Leben

Eva von Tiele-Winckler

Geisteswirken im täglichen Leben

10. Auflage

verlag linea

Bad Wildbad 2007

So spricht der Herr:
Tretet auf die Wege,
seht und fragt nach den Pfaden der Vorzeit,
wo denn der Weg zum Guten sei
und geht ihn!
So werdet ihr Ruhe finden für eure Seelen.
(Jeremia 6, 16)

Umschlaggestaltung David Gärtner
Gesetzt aus der Adobe Garamond
Herstellung St. Johannis Druckerei, Lahr

ISBN 978-3-939075-16-5

Inhaltsverzeichnis

Vorwort

„Haben Sie den Heiligen Geist empfangen?" Diese überraschende Frage richtete Pastor H. vor mehr als vierzig Jahren in einer Bibelstunde an die Schar der Schwestern und Helferinnen in der Kinderheilstätte Salzuflen. Noch deutlich erinnere ich mich unserer Verlegenheit. Allgemeines Schweigen. Niemand wagte aufzusehen. Ein Ja wäre uns als Anmaßung erschienen, ein Nein war auch bedenklich, also schwiegen wir.

Geht es nicht auch heute vielen Christen so, dass sie ängstlich verstummen, wenn ihre persönliche Stellung zum Heiligen Geist angesprochen wird? Gott den Vater kennen sie und bekennen ihn als Schöpfer und Erhalter, als Versorger und Erbarmer. Er ist ihnen der Vater unseres Herrn Jesu Christi, sie sehen in ihm den Gott der Allmacht und der Liebe.

Auf die Frage: „Wer ist Jesus Christus für dich?", würden sie freudig bezeugen, dass er ihr Versöhner und Erlöser sei und vieles andere mehr. Wenn man aber auf ihr persönliches Verhältnis zum Heiligen Geist kommt, so wird eine gewisse Unklarheit und Unbestimmtheit fühlbar, obgleich sie alles wissen und anerkennen, was von ihm in der Bibel und im Katechismus steht.

Die folgenden Seiten sollen selbstverständlich keine theoretische, lehrhafte Abhandlung über das Wesen des Heiligen Geistes sein. Diesem höchsten und heiligsten Geheimnis gegenüber gebührt schweigende Anbetung. Der Heilige Geist ist zu heilig, zu unerforschlich, zu groß, um Gegenstand menschlicher Untersuchungen zu sein. Er beansprucht als Anerkennung seiner Majestät unbedingten Gehorsam. Von seinem Verhältnis zu uns im persönlichen Leben des einzelnen Christen, auch von seinen Mitteilungen, Wirkungen und Früchten in der praktischen Erfahrung soll dieses kleine Buch zeugen. Betend schreibe ich mit dem einen Verlangen, dass es eine Hilfe sein möchte für Anfänger und Fortschreitende auf dem Weg des Glaubens. Unser Verhältnis zum Heiligen Geist ist von allergrößter Wichtigkeit und Bedeutung für unser geistliches Leben und seine Entwicklung. Es ist heiliges Land. Nicht Neugier, sondern heiliger Ernst im Streben nach dem höchsten Ziel möge uns beim Schreiben und Lesen dieser Zeilen erfüllen. Betend geschrieben, betend gelesen, unter der Leitung dessen, der uns als der Geist der Wahrheit selbst in alle Wahrheit führen will, wird der Segen Gottes, an dem alles gelegen ist, nicht ausbleiben.

Das Leben des Geistes

Jedes Leben in zeitlicher Erscheinung muss seinen Anfang haben und ist an bestimmte Vorbedingungen geknüpft. So auch das Leben des Geistes in uns.

Nach Gottes Ebenbild geschaffen und von dem Hauch seines Geistes erfüllt, wurde der Mensch eine lebendige Seele. Leuchtend, freudevoll, in Freiheit und Herrschergewalt lebte er in seinem Bereich, selig gebunden an den heiligen Liebeswillen Gottes, bis er durch den Fall aus der Gottesgemeinschaft heraus in die Abhängigkeit von der Finsterniswelt geriet und seine ursprüngliche Herrlichkeit verlor.

Seitdem lebte der Mensch in der Verbannung, das göttliche Urbild war zerstört, die Trennung von Gott vollzogen, Finsternis und Tod herrschten als Lohn der Sünde von Geschlecht zu Geschlecht.

Aber Gottes Heils- und Liebesgedanken begleiteten den Menschen in sein Exil. Sternen gleich, erhellten die Verheißungen kommender Erlösung den Himmel, der sich über dem gefallenen und entthronten Menschengeschlecht wölbte. Jahrtausende gingen hin unter Suchen und Sehnen, Sünde und Sorge, Last und Leid. Da kam der Verheißene, der Versöhner und Erlöser, der Wiederhersteller und Zurechtbringer Christus Jesus, der Gottes- und Menschensohn.

Er kam, er lebte, er litt, er starb, er stand auf von den Toten und fuhr gen Himmel, um nach dem vollbrachten Erlösungswerk die Verheißung des Vaters, den Heiligen Geist, herabzusenden in die Herzen der versammelten Jünger. Dadurch sollte die Wiederherstellung des Menschengeschlechts, die Erneuerung zu Gottes heiligem Ebenbild bewirkt und die Gemeinschaft mit Gott wiedergeschenkt werden, die durch den Sündenfall von Geschlecht zu Geschlecht unterbrochen, ja aufgehoben war.

Auch wir sind Glieder in dieser unabsehbaren Kette, die unser kleines Dasein in seinen Uranfängen an das Schicksal unserer Stammeltern im Paradies gebunden hat. Von ihnen haben wir unser physisches Leben geerbt, auch unser intellektuelles Geistesleben, das durch jenen Gotteshauch dem ersten Menschenpaar eingeblasen wurde und das ihm auch als Erbgut in der Verbannung blieb.

Dieser Geistesbesitz ist es, der jeden, auch den tiefststehenden Menschen vom Tier unterscheidet und ihm heute noch das hohe Übergewicht des Willens und des Verstandes über die Naturkräfte und über alle Tiergattungen, auch die edelsten und stärksten, gibt. Wenn wir nun auch die Überlegenheit des Menschengeistes über das Tier und die ganze Schöpfungswelt feststellen müssen, so ist hiermit noch nicht *das* Leben des Geistes gemeint, von dem in diesem Buch die Rede sein soll. Unser Menschengeist ist gewissermaßen nur das Gefäß, das Organ, in das Gott der Herr den Heiligen Geist zu unserer Wiedergeburt und Neuschöpfung hineinlegen kann. Hätten wir keinen Geist, so könnte sich der Heilige Geist uns nie offenbaren und sich uns mitteilen.

Um uns diesen großen, gewaltigen Vorgang klarzumachen, wenden wir uns der altbekannten und doch immer wieder neuen Geschichte von Nikodemus zu, der zu Jesus kam, um die Sehnsucht seines Herzens zu stillen (Joh. 3, 1-15). Dieser Schriftgelehrte war einer der frömmsten und edelsten Söhne seines Volkes, ein Mann voller Wissen und Schrifterkenntnis, voller Selbstzucht und guter Werke. Von früher Jugend an in der strengen Glaubensrichtung der Pharisäer erzogen, hatte er es auf diesem Weg anscheinend zu der größtmöglichen Vollkommenheit gebracht. Er war ein Oberster der Pharisäer. Man sah in ihm das Ideal seiner Richtung, die Verkörperung menschlicher Vortrefflichkeit und Gottesgelehrtheit. Und doch war dieser Mann trotz allem, was er erreicht hatte und geworden war, im tiefsten Grunde unbefriedigt. Das Beste fehlte ihm noch.

Wir kommen hier zu einem sehr wichtigen Punkt, nämlich zu der Vorarbeit des Heiligen Geistes, die seiner Mitteilung vorangeht. Das erste Werk des Geistes in einem Menschenherzen ist: die Erkenntnis der Unzulänglichkeit und eigenen Sündhaftigkeit zu erwecken und das Sehnen und Suchen nach etwas Neuem, Gottgeschenktem anzubahnen. Dieses vorlaufende Wirken des Heiligen Geistes führt Nikodemus zu Jesus. Wahrscheinlich erwartete der fromme und gelehrte Mann, aus dem Mund des Nazareners Ratschläge zur Erreichung noch höherer Vollkommenheit zu vernehmen. Gerne hätte er seine Anstrengungen vermehrt, seine guten Werke verdoppelt, seiner Gotteserkenntnis höhere Erleuchtung hinzugefügt, um die Unruhe seines Gewissens zu beschwichtigen und endlich Frieden zu finden. Was aber tut Jesus? Mit einem Wort schlägt er das ganze mühsam errichtete Gebäude dieses ausgereiften Lebens zusammen. In Staub und Asche sinkt die ganze Herrlichkeit dahin unter dem Wort: „Ihr müsst von Neuem geboren werden." Es war, als wollte er sagen: Nikodemus, alle deine Werke, deine Erkenntnis, deine Gebete und geistlichen Anstrengungen helfen dir nichts! Es muss ein grundlegendes neues Werk geschehen – *du musst von Neuem geboren werden!*

Das zeigt uns auf einen Schlag, worauf es ankommt. Manche Richtungen in- und außerhalb der Christenheit meinen, alles Erforderliche sei in einem Menschen bereits vorhanden. Man müsse nur das Gute in sich heben, entfalten, verbessern, entwickeln, und dann würde man so ganz allmählich ein Geistesmensch werden. Der Herr verneint das. Es muss eben etwas ganz Neues geschehen: eine neue Schöpfung, ein neuer Anfang.

Ich habe im Jahr 1885 in dem kleinen Bergkirchlein in St. Moritz einen französischen Prediger über dieses Wort (Joh. 3, 7) reden hören. Noch heute, nach vierzig Jahren, habe ich die Wirkung nicht vergessen. Es war eine gewaltige Predigt. Der alte Mann mit dem weißen Bart rief wieder und wieder in die dicht gedrängte Kirche hinein: „Ihr müsst von Neuem geboren werden!" Tränenüberströmt sah ich viele der reichen, vornehmen, mit Spitzen und Juwelen beladenen Frauen dieses eleganten Weltbades hinausgehen – das Wort hatte eingeschlagen! In jedem Herzen hallte es wider: Ihr *müsst* von Neuem geboren werden!

Eine neue Kreatur! Es genügt nicht, dass wir die alte Natur allmählich verbessern, das Gute in uns pflegen und stärken, nein – nein, es muss etwas ganz Neues werden! Mit Nikodemus möchte man fragen: „Wie soll das gehen?" Jesus führt am Schluss der

Unterredung diesen Mann im Geist hinaus nach Golgatha. Im Bild der in der Wüste erhöhten Schlange deutet er auf den Opfertod des Menschensohnes, der sterben muss, „auf dass alle, die an ihn glauben, nicht verloren gehen, sondern das ewige Leben haben". Er zeigt dem staunenden Greis das Geheimnis der Erlösung.

Das Kreuz ist unsere Geburtsstätte. Wer findet den Weg dorthin? Wer versteht das Geheimnis der Versöhnung? Nur der, der an sich selbst zuschanden geworden ist im Bewusstsein seiner Unzulänglichkeit und Sünde. Wer Bankrott gemacht hat mit seiner eigenen Gerechtigkeit, kommt zu der großen Zahlungsstelle, wo Christus, der Erlöser, mit seinem vergossenen Blut die ganze Schuld der Menschheit getilgt und die Rechnung beglichen hat.

Das Allererste, was der Heilige Geist tun muss, ehe er sich uns als der Leben erweckende Geist Gottes mitteilen kann, ist, dass er uns Licht über uns selbst gibt, über unseren eigenen verlorenen Zustand, über unser tiefes Verderben und unsere Sündhaftigkeit. Je tiefer das Licht eindringt, je gründlicher die Erleuchtung des Heiligen Geistes geschieht, je völliger sich Gottes Gericht an uns vollzieht, desto tiefer wird auch die Buße (die Sinnesänderung) sein und das Verlangen, am Kreuz von Golgatha sich erneuern und umgestalten zu lassen zu einem Kind Gottes.

Zunächst muss also die Erleuchtung da sein, die zu der inneren Gerichtsvollstreckung führt: Sünde – Sünder – sündig. Dann eilen wir mit dieser Sünde hin zum Kreuz, zu dem Mittler, der für uns als Stellvertreter unsere Strafe trug, unseren Fluch auf sich nahm, auf dass wir Frieden hätten. Durch seine Wunden sind wir geheilt. Wir sehen also hier, dass auch das Geistesleben seine Vorbedingungen hat. Ist der Sünder erst am Kreuz angelangt und hat er dort das Wort der Vergebung hören dürfen, so wird ihm der Friede der Rechtfertigung mitgeteilt und die Zusicherung der Gotteskindschaft gegeben.

Als dankbare Gegengabe für dieses größte Gottesgeschenk gibt der Begnadigte sich selbst mit seinem Leben, seinem freien Willen Gott zurück. Die durch die Sünde ehemals vollzogene Trennung wird aufgehoben, das Kind darf dem Vater nahen und bringt aus Dank und Liebe für die erfahrene Gnade sich selbst ihm dar. In diesem Augenblick kann Gott die *Versiegelung des Geistes* vornehmen, von der wir in Epheser 1, 13 lesen: „Durch welchen auch ihr gehört habt das Wort der Wahrheit, das Evangelium von eurer Seligkeit; durch welchen ihr auch, *da ihr gläubig wurdet, versiegelt worden seid mit dem Heiligen Geist* der Verheißung."

Der Apostel legt hier also die Versiegelung des Geistes, von der öfters im Neuen Testament die Rede ist, an den ersten Anfang unseres Glaubenslebens. In dem Augenblick, wenn der Glaube zufasst und das Heil ergreift, ist die Versiegelung da. Die Versiegelung ist eigentlich die Eigentumserklärung Gottes. Wir können einen Gegenstand nur dann versiegeln oder mit unserem Stempel und Namen versehen, wenn er uns gehört. So kann Gott die Versiegelung des Geistes auch nur dann vornehmen, wenn wir uns ihm in freiwilliger Tat dankbarer Hingabe übereignen. Sobald wir uns ihm übergeben, ausgehändigt und sein Eigentumsrecht über uns anerkannt haben, drückt der Vater sein Geistessiegel in uns ein, teilt uns den Geist der Kindschaft mit und erklärt uns als sein Eigentum. Wir haben so die „Erstlingsgabe des Geistes" empfangen (Röm. 8, 23).

Schon im Alten Bund gibt uns Gott durch den Propheten Hesekiel (Hes. 36, 26) die größte Verheißung: „Ich will euch ein neues Herz und einen neuen Geist in euch geben und will das steinerne Herz aus eurem Fleisch wegnehmen und euch ein fleischernes Herz geben."

Hier handelt es sich nicht um eine allgemein menschliche Geistesbegabung, sondern um den *neuen Geist, den Geist Gottes,* der in der Fülle der Zeiten in den Herzen Wohnung machen und ganz von ihnen Besitz nehmen sollte.

Außer dieser Versiegelung ergibt sich dann auch das Zeugnis des Geistes in unserem Innern, dass wir Gottes Kinder sind. Römer 8, 16: „Derselbe Geist (der Heilige Geist) gibt Zeugnis unserem Geist, dass wir Gottes Kinder sind." Wir können und dürfen das ganz genau wissen. Ist es nicht etwas überaus Trauriges, wenn in der Welt ein Kind umherläuft, das seinen Vater nicht kennt? *Wir* haben aber das Recht zu sagen: Ich kenne meinen Vater. „Unser Vater, der du bist im Himmel!"

Dieser Kindesstand treibt uns, zu rufen: „Abba, lieber Vater!" Und wir können mit dem Apostel Johannes jubeln: „Seht, welch eine Liebe hat uns der Vater erzeigt, dass wir Gottes Kinder heißen sollen, und *wir sind es!"* (Urtext)

Wir dürfen uns der großen Gnade bewusst werden, Wiedergeborene zu sein durch den Heiligen Geist, solche, die nicht in dem natürlichen Leben Adams stecken bleiben als Diesseitsmenschen, sondern die aus Gott heraus Lebenskräfte empfangen haben, die uns zu Ewigkeitsmenschen stempeln und uns hineinführen in eine neue, innere Lebensverbindung mit Christus.

Der Wandel im Geist

Aus dem Geistesleben ergibt sich nun auch als weitere Folge der *Wandel im Geist.*

Wenn der Heilige Geist uns als Erstlingsgabe mitgeteilt wurde, so haben wir es alle gespürt, dass etwas Neues in uns hineingekommen ist: ein neuer Antrieb, eine neue Gesinnung, eine neue Neigung, ein neues Streben. Wir denken neue Gedanken, wir sprechen sozusagen eine neue Sprache. Manches von dem Alten, an dem wir sehr gehangen haben, ist einfach von uns abgefallen. Die Geschmacksrichtung hat sich verändert, die Ziele sind andere geworden. Während wir früher hier auf Erden unser Lebenselement und den Sitz unserer Neigungen hatten, bekommen wir nun eine lebendige Ewigkeitshoffnung, und das Verlangen des Herzens steigt aufwärts zu dem, was unvergänglich ist. Neu ist auch die große Freude, die am Anfang das begnadigte Menschenherz erfüllt, das Bewusstsein des Friedens, die selige Harmonie, die uns innerlich durchflutet. Man spürt es, wir sind *von Neuem geboren,* und über allen Zweifel erhaben ist die Gewissheit, in eine andere Lebenssphäre eingegangen zu sein.

Aber nach dieser ersten großen Freude und ihren Wirkungen auf unser inneres Leben und Verhalten werden wir schon bald auch etwas anderes merken. Vieles ist neu geworden, aber nicht alles. Wohl ist neues Leben da, der Heilige Geist ist uns als Erstlingsgabe mitgeteilt und hat Besitz von uns genommen, doch etwas anderes ist auch noch da – das alte Leben. Das ist noch nicht mit einem Schlag tot. Was wir früher gar nicht kannten und wussten, mit einem Mal spüren wir es: zwei Gewalten sind in uns, die gegeneinander kämpfen. Vor unserer Wiedergeburt hatten wir in gewisser Weise Ruhe. Wir folgten einfach dem Trieb unseres alten Lebens und hatten keine höheren Ziele als die, nach denen unser natürliches Herz verlangte. Konnten wir unsere Wünsche einigermaßen befriedigen, so waren wir auch zufrieden und waren uns keines Zwiespalts und keines Kampfes bewusst. Jetzt aber ist ein zwiespältiges Leben da. „Den Geist gelüstet wider das Fleisch, und das Fleisch gelüstet wider den Geist." Der Heilige Geist, der nun in uns wohnt, will die Herrschaft gewinnen, und das Fleisch, das noch in uns lebt, will die Herrschaft nicht abgeben. Wer von uns hat sie nicht kennen gelernt, diese furchtbaren, manchmal bis zur Verzweiflung führenden Kämpfe zwischen Fleisch und Geist! In uns streiten zwei Reiche um die Obergewalt: das Licht und die

Finsternis, der Geist und das Fleisch, das Leben und der Tod.

Jetzt kommt alles darauf an, dass wir unseren Willen auf die Seite des Geistes Gottes stellen und ihm gewissermaßen ein Gebiet nach dem andern ausliefern, sodass er seine Herrschaft in uns gewinnen und befestigen kann, während das Fleischesleben und -wesen sich immer weiter zurückziehen muss, bis ihm endlich das Todesurteil gesprochen wird und es dorthin kommt, wo es hingehört: *ans Kreuz.*

Manches Gotteskind hat eine Wiedergeburt erlebt, eine innere Lebensmitteilung Gottes erfahren, aber es fehlt der *Wandel im Geist.* Durch den Propheten Hesekiel (Hes. 36, 27) spricht Gott: „Ich will meinen Geist in euch geben und will solche Leute aus euch machen, die in meinen Geboten wandeln, meine Rechte halten und danach tun.“ Das ist also das große Ziel unseres Gottes. Er gibt uns seinen Heiligen Geist zu dem Zweck, dass wir in seinen Geboten wandeln und ihm die Herrschaft einräumen über unser inneres Leben, damit alles in Übereinstimmung kommt mit der Gesinnung *des* Geistes, der uns gegeben ist. „Wandelt im Geist, so werdet ihr die Begierden des Fleisches nicht vollbringen.“ Und: „Wenn wir im Geist leben, so lasst uns auch im Geist wandeln!“, mahnt der Galaterbrief.

Was ist nun eigentlich der Wandel? Wenn man das Tätigkeitswort „wandeln" in seiner einfachen Bedeutung nimmt, so ist es ein Hindurchgehen und Weiterschreiten. Man wandelt durch einen Garten oder durch einen Wald. Indem wir wandeln, verändert sich ununterbrochen die Umgebung. So ist es auch in der geistlichen Übertragung mit dem Wandel im täglichen Leben. Der Wandel ist eigentlich nichts anderes als unser Verhältnis zur Umwelt, das uns im Lauf der Stunden und Minuten beständig in andere Beziehungen bringt. Wir sind einem immerwährenden Wechsel unterworfen, sowohl was die äußeren Umstände betrifft, als auch unsere Aufgaben und inneren Gemütsregungen. Dieser Wandel oder Verkehr mit der Außenwelt soll ein Geisteswandel sein, *ein Wandel im Geist.*

Es gibt leider Menschen, die nicht nur ein herausragendes Maß an geistlicher Erkenntnis, sondern auch eine bewusst erlebte persönliche Heilserfahrung haben. Und doch, wenn sie durch den Tag gehen mit seinen vielfältigen Aufgaben, Geschäften und Gelegenheiten, so ist nichts zu sehen von dem „Wandel im Geist". Man sieht nur die eigene Ich-Natur, die sich immer wieder durchsetzt und in tausend Kleinigkeiten beweist, in scharfen Worten, in unfreundlichen Gebärden, in lieblosen Bemerkungen, in Verdrossenheit, mit übler Laune,

Niedergeschlagenheit, Untreue oder Unzuverlässigkeit und dergleichen mehr. Solch ein Wandel im Fleisch ist etwas sehr Verhängnisvolles für einen wiedergeborenen Christen.

Man könnte fragen: Warum sind viele sogenannte Kinder Gottes keine Empfehlungsbriefe an die Welt, keine Zeugen der Frohen Botschaft? Und die Antwort muss lauten: Es fehlt an dem Wandel im Geist! Sie haben wohl innerlich die Kraft der Versiegelung erfahren, aber sie haben sie nicht an sich wirken lassen in der Veränderung und Erneuerung des Lebens. Sie haben sich nicht voll und ganz auf die Seite des Geistes gestellt mit ihrem Willen und mit ihrem Seelenleben. In diesen Gebieten herrschen noch all die Triebe des eigenen, natürlichen Adamswesens, die sie unbeschnitten und uneingeschränkt schalten und walten lassen.

Wollen wir uns da nicht alle einmal ehrlich fragen: Wie steht es mit meinem Geisteswandel? Habe auch ich dem Herrn, der mich erlöst und der mich mit dem Geist der Kindschaft begnadigt hat, Schande gemacht und der Welt und auch den Gotteskindern Anlass gegeben, sich an meinem Wesen, an meiner Art zu stoßen und zu ärgern?

Die Mitteilung göttlicher Geisteskräfte wird uns nur gegeben, damit wir ein Leben führen können in Übereinstimmung mit Gottes Willen, nach Gottes heiligen Geboten, die ja schließlich, wenn wir sie im Licht des Neuen Testaments betrachten, alle in einem einzigen Gebot aufgehen, nämlich in dem Gebot der Liebe.

Jede Bewegung wird durch Kraft erzeugt. Wenn nun unser Wandel eine Bewegung ist, die uns durch das Leben hindurchbringt, so kommt es darauf an, welche Kraft hinter dieser Bewegung steht. Man spricht im Bereich der Technik von einer Triebkraft. Sie kann durch Dampf, durch Wasser, durch Elektrizität erzeugt werden. Ins Geistliche übertragen, könnten wir auch von einer treibenden Kraft sprechen, von einem Motiv oder Beweggrund. Hinter jeder Betätigung unseres Lebens steht ein Beweggrund, ein Motiv. Es ist wichtig, dass wir uns fragen: Aus welchem Beweggrund entstehen meine Entschlüsse, meine Betätigungen, meine Worte und Taten? Der Beweggrund wird allemal den Wert oder Unwert vor Gott entscheiden. Manches anscheinend vortreffliche Werk kann aus einem unlauteren Beweggrund heraus getan werden. Selbst hinter glänzenden Taten der Liebe und heldenhaften Aufopferungen können falsche Motive stehen: Ehrgeiz oder Eitelkeit kann der Beweggrund zu solchem Tun sein.

Wie viel in unserem Leben mag da vor dem Richterstuhl Gottes als verwerflich und verdammlich erscheinen, was bei den Menschen Bewunderung und Anerkennung hervorbringt! Der Beweggrund entscheidet.

Zwei große Einflüsse machen sich in unserem Leben geltend. Der eine verheerend und verwirrend, nach unten ziehend, dringt von außen durch die Sinne und Organe unseres Körpers in unser Seelenleben ein, hervorgerufen durch die Verführungskünste des Fürsten dieser Welt, der uns beständig umlauert und Eingang zu finden sucht. Der andere heiligend, befreiend, erlösend, nach oben ziehend, kommt durch den in uns wohnenden Heiligen Geist, der von unserem Menschengeist Besitz genommen hat bei der Wiedergeburt und der nun darauf aus ist, von unserem Seelenleben mit seinen Kräften und verschiedenartigen Gebieten Besitz zu ergreifen. Die Seele liegt in der Mitte zwischen dem Höchsten und Innersten, dem Geist, und der äußeren Umkleidung, dem Körper. Der Menschengeist ist der Sitz des Gottesbewusstseins; denn nur im Geist können wir Gott erfassen. Die Seele ist der Sitz des Ichbewusstseins, in dem unsere natürliche Persönlichkeit, unser eigenes Selbst, sein Betätigungsgebiet hat. Der Körper ist die Stätte des Weltbewusstseins, weil seine Organe, Augen, Ohren, Glieder, Sinne, die Einflüsse der Außenwelt nach innen vermitteln.

Nun gilt es, die verschiedenen Seelenkräfte: das Denkvermögen, das Gefühlsleben, die Erinnerung, die Vorstellungskraft, die Neigung und Abneigung und – schließlich als entscheidenden Faktor – den Willen dem Einfluss des Weltgeistes zu entziehen und ganz unter die Herrschaft und die Beeinflussung des Heiligen Geistes zu stellen.

Die drei unterschiedlichen Personen der Heiligen Dreieinigkeit wirken in diesem Heiligungswerk mit. Durch den Heiligen Geist wird uns die Innewohnung Jesu mitgeteilt, und mit dem Sohn macht auch der Vater Wohnung in dem ihm geweihten Menschenherzen, sodass von innen heraus Geist, Seele und Leib von Gott in Besitz genommen, durchwohnt und geheiligt werden (Eph. 3, 17; 1. Thess. 5, 23.24; Joh. 14, 23).

Wenn sich diese innere Gottesherrschaft im Heiligen Geist mehr und mehr über alle Gebiete des Lebens erstreckt, kann es zu einem wahren *Wandel im Geist* kommen. Er wird zu einer Realität. Neue Hoffnungen erfüllen den nach einem geheiligten Leben Verlangenden. Der Sieg der Gnade über die Natur wird zur Lebenserfahrung, und die Schriftworte, die vom geheiligten Wandel handeln (1. Petr. 1, 14-16 und 1. Petr. 2), treten in den Bereich der Möglichkeiten, während sie vorher, solange wir mit unseren natürlichen Kräften und der Beeinflussung des Feindes rechnen mussten, unerreichbar schienen.

Konnte schon im Alten Bund ein Henoch mit Gott wandeln, so sollten die Kinder des Neuen Bundes Christus als ihre Heiligung im Glauben annehmen und durch den Heiligen Geist ihr Leben nach seinen göttlichen Grundsätzen gestalten lassen, sodass er selbst in ihnen seinen Jesuswandel auf Erden fortsetzen kann.

Die Gemeinschaft des Geistes

Wo Geisteswandel ist, wird auch die Gemeinschaft des Geistes nicht fehlen. Sie wird eine Gemeinschaft des *Lebens,* des *Lichtes* und der *Liebe* sein. Des *Lebens,* denn das innewohnende Geistesleben des einen teilt sich naturnotwendig auch dem anderen mit, und wo es schon vorhanden ist, entsteht eine heilige und beseligende Wechselwirkung, ein Kontakt des Geistes, der das Leben der Geistesträger untereinander verbindet und harmonisch gestaltet.

Solch eine Lebensgemeinschaft im Geist wird dann auch eine Gemeinschaft des *Lichtes.* „Wenn wir im Licht wandeln, wie er im Licht ist, haben wir Gemeinschaft untereinander, und das Blut Jesu Christi, des Sohnes Gottes, reinigt uns (ein fortwährender Prozess) von aller Sünde" (1. Joh. 1, 7). Nur die im Licht Wandelnden können Gemeinschaft des Geistes miteinander haben. Jedes Dulden von Finsternis, verborgenen Sünden, unlauteren Beweggründen und unaufrichtigem Wesen hindert und hemmt sofort die Geistesgemeinschaft.

Aus der Lebens- und Lichtesgemeinschaft erblüht dann als selige Folge die *Liebesgemeinschaft.* Alle

Hindernisse der Liebe sind beseitigt, und so kann die Liebe Gottes, die ausgegossen ist in unser Herz durch den Heiligen Geist, nun auch die einzelnen Glieder des Leibes miteinander zu einer wahren und innigen Liebesgemeinschaft verbinden. In *der* Liebe, von der 1. Korinther 13 uns ein so lichtes Bild entwirft und die uns in dem Leben der ersten Christengemeinden deutlich vor Augen gestellt wird (Apg. 2, 44 und 4, 32), ist sie verwirklicht. Neben der höchsten Seligkeit, deren wir hier auf Erden teilhaftig werden können, der persönlichen Gemeinschaft mit dem dreieinigen Gott, ist die Gemeinschaft des Geistes mit seinen Kindern das Schönste und Beste, was uns geschenkt werden kann. Kein irdisches Band der Blutsverwandtschaft und der auf rein natürlicher Grundlage beruhenden Freundschaftsbeziehungen kann mit der wahren, geheiligten Lebens-, Lichtes- und Liebesgemeinschaft im Geist verglichen werden. Sie ist ein Vorgeschmack der Gemeinschaft der Heiligen und fängt schon hier an, um in allen Ewigkeiten der Ewigkeiten in immer wachsendem Maß und seliger Erfahrung fortgesetzt zu werden.

Diese Gemeinschaft im Geist wird auch nach einer Betätigung verlangen. Der einzelne Christ wird sich als *Glied* des anderen in den großen Organismus des Leibes Christi eingeordnet wissen und sich als solches zu gegenseitigem Dienst verpflichtet fühlen. Der

Epheserbrief gibt uns im 4. Kapitel eine eingehende Schilderung von dem Verhältnis der einzelnen Glieder zueinander und zum Haupt. Konnte der erste Adamssohn Kain auf die Frage Gottes: „Wo ist dein Bruder Abel?“, trotzig antworten: „Soll ich meines Bruders Hüter sein?“ – so weiß sich der wiedergeborene Christ, der zur Genealogie des neuen Adam gehört, in der Gemeinschaft des Geistes verantwortlich für alle anderen Glieder des Leibes Christi und besonders für diejenigen, die mit ihm in direkter Wechselbeziehung des Lebens stehen.

Die Schönheit des menschlichen Körpers, wie auch insbesondere diejenige der Züge des menschlichen Angesichtes, liegt in der Ebenmäßigkeit und Harmonie der einzelnen Teile zueinander. Es ist eine Verkennung der Ziele und Liebesabsichten Gottes, wenn der einzelne Christ einseitig nur seine eigene Ausgestaltung und Vervollkommnung im Auge hat. Der Apostel Paulus, der von sich bezeugen konnte, dass er sich mit ganzer Energie nach dem höchsten Ziel ausstreckte, rang und kämpfte, arbeitete und flehte, damit *alle* Glieder des Leibes heranwachsen möchten zur einheitlichen Größe des Mannesalters Christi. Wer in wahrer Geistesgemeinschaft zu den anderen steht, dem wird an der Ausgestaltung und Entfaltung der anderen Glieder ebenso viel liegen müssen wie an der eigenen Ausreifung zur Vollendung.

Die Gemeinschaft des Geistes treibt auch zur Pflege der gemeinsamen Beziehungen untereinander. So sehr man die stillen Stunden des Alleinseins mit Gott und das Herzensgebet des Kämmerleins liebt und übt, so wird man doch auch die Gelegenheiten wahrnehmen und treu auskaufen, die der gemeinsamen Betrachtung des göttlichen Wortes und dem vereinigten Lob Gottes und der Fürbitte gewidmet sind. Die Gemeinschaft des Geistes drängt zu lebendigem Austausch und zu gegenseitiger Mitteilung empfangenen Lichts und erfahrener Gnade: 1. Johannes 1, 3; Psalm 34, 3.4 und Psalm 66, 16: „Ich will erzählen, was er an meiner Seele getan hat …"

Die Fülle des Geistes

Brauchen wir denn noch mehr? Wenn wir *das Leben des Geistes* haben, den *Wandel im Geist* führen und die *Gemeinschaft des Geistes* mit anderen genießen, ist uns dann nicht schon alles mitgeteilt, was wir nur wünschen und erwarten können?

Für uns selbst und unser eigenes Bedürfnis möchte das bisher Gesagte schon genügen. Wir brauchen aber die uns verheißene *Fülle des Geistes* ganz notwendig, um unseren Zeugenberuf auf Erden erfüllen und unseren Dienst an anderen in wirksamer Weise ausrichten zu können.

Wir sollen nicht nur *Leben* haben, sondern *überfließendes Leben* (Joh. 10, 11). Wir bedürfen einer Kraft, die über uns selbst hinausgeht und uns zu Werkzeugen des Heiligen Geistes macht in der Welt. Schon Johannes spricht davon (Luk. 3, 16), dass der kommende Messias mit *dem Heiligen Geist und mit Feuer* taufen wird. Nicht nur die Apostel in ihrer festgesetzten Zwölfzahl, sondern die 120 mit ihnen, unter welchen sich auch Frauen befanden, und schließlich die 3000 und 5000 – sie wurden alle mit dem Heiligen Geist und mit Feuer getauft und konnten es dann nicht lassen, zu reden und zu zeugen von dem, was sie erlebt und gesehen hatten.

Die Mitteilung der Geistesfülle war aber nicht auf die einmalige erste Pfingstausgießung des Geistes beschränkt, sondern die Apostel und ihre Nachfolger durften sie immer dann, wenn ein bestimmter Auftrag eine vermehrte Geistesmitteilung und Ausrüstung nötig machte, neu empfangen (Apg. 4, 31). Dass diese Geistesfülle nicht nur solchen Gottesmännern verheißen ist, die in einem besonderen Amt und Dienst des Herrn stehen, sondern dass die *Geistesfülle* Erbrecht und unentbehrliche Gnadenmitteilung aller Christen ist, geht aus dem Wort Epheser 5, 18 hervor. Paulus schreibt den Epheserbrief der ganzen Gemeinde, und zwar, wie man heute annimmt, nicht nur den Christen von Ephesus, sondern wohl auch als Zirkularbrief den anderen damals von ihm besuchten Gemeinden Kleinasiens. Er hat gewarnt vor dem unordentlichen Wesen der Unnüchternheit durch irdischen Rauschtrank und stellte dem nun die Notwendigkeit, *voll Geistes* zu werden, gegenüber. Die folgenden Verse weisen darauf hin, wie diese Geistesfülle ihren Ausdruck findet im Lob Gottes und in Ermahnungen und Ermunterungen zu einem geheiligten, gottgeweihten Leben.

Es kann jemand wahres Geistesleben haben, einen Geisteswandel führen und in Geistesgemeinschaft mit Gleichgesinnten stehen, ohne sich getrieben und ermächtigt zu fühlen, den Draußenstehenden und den „Kindern in Christus" von der Herrlichkeit und Seligkeit dessen zu zeugen, was der Herr durch seinen Tod und seine Auferstehung uns alles erworben hat. Man kann ein Gefäß mit Flüssigkeit füllen, dann ist die Flüssigkeit im Gefäß, teilt sich aber nicht der Umgebung mit. Stellt man den Krug unter das fließende Wasser eines Brunnens, so wird nicht nur der Krug bis zum Rand gefüllt, sondern der Inhalt wird überlaufen und wird auch die Umgebung fruchtbar machen durch das immer weiter fließende, Leben weckende Wasser.

In der Schweiz haben wir oft an solchen Brunnen gestanden. Der steinerne oder hölzerne Trog war nicht nur bis zum Rand gefüllt, sodass er Menschen und Tieren das erquickende Wasser bot, sondern er floss über, hinein in die Wiesen und Bächlein zu immer erweiterter Mitteilung fruchtbringender Segnungen. Das sollte so recht das Bild eines Menschen sein, der die *Fülle des Geistes* empfangen hat, nicht nur genug für den eigenen Bedarf, sondern auch die Möglichkeit, all denen zu dienen und abzugeben, die Anspruch darauf erheben, an seinen Segnungen teilzunehmen.

So manches begnadigte Gotteskind klagt über Mangel an Kraft und Zeugenmut. Es fühlt sich nicht imstande, die Aufgaben zu erfüllen, die in der Darbietung der Frohen Botschaft für den anvertrauten Verein, Jugendbund oder sogar für die häusliche Gemeinschaft in der Familie liegt. Eine Stunde, eine Andacht zu halten, wird zur Qual, unter dem Bewusstsein inneren Unvermögens. Mit großer Mühe arbeitet man sich unter vielem Nachdenken und Durchforschen von Kommentaren eine Bibelstunde oder Ansprache aus. Mit zitternder Angst wird sie gehalten und mit dem schmerzlichen Bewusstsein geschlossen, dass die sorgfältig vorbereitete Rede ohne Zeugenkraft war und deshalb wenig oder gar keinen Eindruck auf die Zuhörenden machte. Woran mag es da liegen? Das Wort Gottes wurde in rechter Weise angewendet, die Gedanken waren an und für sich gut und klar, aber die *Geistesfülle* fehlte, das lebendige Zeugnis des Leben wirkenden Geistes, der aus dem überfließenden Gefäß sich den anderen mitteilen muss.

Was ist wohl die Ursache, dass die Fülle des Geistes, die doch allen Gotteskindern verheißen ist, von der die Apostel Zeugnis ablegten und die sich zu aller Zeit hier und da, mal an Einzelnen, mal an vielen offenbarte, doch so manchen aufrichtig verlangenden Christen vorenthalten bleibt? Es liegen da fast immer bestimmte Hindernisse vor, die hinweggeräumt werden müssen, wenn wir die Fülle des

Geistes empfangen wollen.

Ein Grund kann sein, dass man die Geistesfülle aus selbstsüchtigen Gründen begehrt, zu eigener Ehre und eigener Verherrlichung. Wer so steht, dem kann und darf diese Gnadengabe nicht zuteilwerden, denn sie würde dem Träger zum Verderben gereichen und Unheil anrichten (Zauberer Simon, Apg. 8).

Ein anderer Grund kann sein, dass *wir* über die Geistesfülle verfügen möchten, statt dass wir den Heiligen Geist *über uns verfügen lassen.* Es kommt nicht darauf an, *dass wir den Heiligen Geist haben,* sondern *dass der Heilige Geist uns hat.* Nach 1. Korinther 6, 19 und 1. Korinther 3, 16 soll unser Leib ein Tempel des Heiligen Geistes sein, bewohnt, in Besitz genommen von ihm, um einzig ihm zur Verfügung zu stehen.

Ein weiteres Hindernis kann sein, dass das eigene Ich sich noch in unserem Seelenleben behauptet, seine Ansprüche geltend macht und eine Rolle spielen will. Ist es so, dann findet der Heilige Geist keinen Raum für seine Fülle. Das alte, unter dem Fluch Gottes stehende Adamsleben, das *Ich* in seiner selbstischen Bedeutung muss dem Tod geweiht sein und seiner Rechtsansprüche verlustig gehen. „Hinweg mit diesem!“ – mit diesen Worten darf der neue Wille den langjährigen Insurgenten, das eigene Ich, hinauswerfen und ihm seinen Platz am Kreuz und im Grab Christi anweisen. Dann erst wird die Fülle des Geistes Raum finden.

Ein weiterer Grund ist auch häufig das Dämpfen und Betrüben des Heiligen Geistes (1. Thess. 5, 19 und Eph. 4, 30). Wenn man die leise mahnende Stimme überhört, ignoriert, ihn, diesen höchsten Gast, missachtet, ihm die schuldige Ehrfurcht und Rücksicht verweigert, so dämpft man den Geist, und aus dem beständigen Dämpfen wird schließlich das Betrüben. Nicht, dass der Heilige Geist den wiedergeborenen Menschen dann ganz verlässt, aber er zieht sich zurück in das Allerinnerste des Menschengeistes, wo er gewissermaßen wie ein Gefangener außer Kraft gesetzt, seinen Einfluss auf das Leben und Wirken des betreffenden Gotteskindes kaum zur Geltung bringen kann. Die Fortnahme des Heiligen Geistes würde den geistlichen Tod bedeuten und das furchtbare Gericht, von dem Hebräer 6 redet. Dazu kommt es nur dann, wenn der Mensch mit klarer Willensentscheidung dem Heiligen Geist die Tür weist, die Gnade Gottes mit Füßen tritt und sich lossagt von dem, dem er sein Leben und seine Rettung verdankt. In den meisten Fällen bleibt der Heilige Geist trotz anhaltenden Dämpfens und Betrübens doch im Herzen der Gläubigen wohnen, aber seine Nachwirkungen sind beschränkt und gelähmt, so lange, bis durch eine gründliche und tiefere Anerkenntnis seiner Herrscherrechte dem Heiligen Geist Raum gemacht und das Leben seinem Einfluss untergeordnet wird.

Gedämpft werden kann der Heilige Geist durch lieblose Gesinnung, durch richtende, verurteilende Worte, durch nachteiliges Reden über andere, durch Nachtragen und Unversöhnlichkeit. Letzteres führt dann schon zu ernstem *Betrüben* des Geistes und hindert jede Mitteilung göttlicher Gnade. Aber auch Oberflächlichkeit, gedankenloses, unnützes Schwätzen, leichtfertige Scherze, Untreue und Unregelmäßigkeit im Gebetsleben, das alles kann je nach seinem Grad und nach seinem Maß dämpfen und den Geist betrüben und dadurch ein ernstes Hindernis sein für die Fülle des Geistes. Ein aufrichtiges, nach dem Höchsten verlangendes Herz wird jedes derartige Hindernis hinwegräumen und dadurch der Geistesfülle den Weg öffnen.

Ein Beispiel, das mir sehr eindrücklich war, mag als Illustration dienen.

Als ich in einer einsamen Hütte im Klöntal wohnte, holte ich mir meinen täglichen Wasserbedarf aus dem Tag und Nacht sprudelnden Brunnen, dessen Reichtum über den hölzernen Trog hinaus auf die blühende Wiese floss. Nach einigen Tagen hörte das muntere Plätschern auf, der Wasserstrahl wurde schwächer und schwächer, und mein Krug musste oft lange unter der Röhre stehen, bis er endlich gefüllt war. In meiner Sorge ging ich zum Besitzer, der einige Minuten entfernt in einem Bauernhaus wohnte. „Das Wasser versiegt“, sagte ich, „ist etwa die Quelle leer?“ Der Bauer lachte: „Dort oben ist genug Wasser! Das muss an etwas anderem liegen!“ Schnell kam er mit, fasste mit seiner kräftigen Hand unter die Grasdecke des Bodens und zog nach einem Weilchen ein dicht verwachsenes Büschel von Graswurzeln aus der Leitung heraus. Lachend zeigte er es mir und sagte: „Das ist die Ursache!“ – und schon plätscherte aufs Neue das Brünnlein, gespeist aus dem unermesslichen Reichtum der hoch gelegenen Bergquelle.

Werdet voll Geistes! Geistesfülle ist ein Leben der Fruchtbarkeit. Seelen werden erweckt, Sünder kommen zur Erkenntnis ihres Elends und suchen das Heil, Friedelose finden Frieden, geistlich Tote wachen auf.

Erfüllen wir die Bedingungen, so wird auch Gott nicht zögern, seine Verheißung an uns wahr zu machen, und das Wort Jesu wird auch uns gelten:

„Wie viel mehr wird der Vater im Himmel den Heiligen Geist geben denen, die ihn bitten!“

Die Kraft des Geistes

Geistesfülle beweist sich in der *Kraft des Geistes,* die schon in Apostelgeschichte 1, 8 den Jüngern verheißen wurde.

Die Kraft aus der Höhe, die Macht des Geistes zeigt sich in den Wirkungen der Botschaft, wie wir es in ganz besonderer Weise in dem Leben des Paulus sehen. Er spricht in 1. Korinther 2, 4 davon, dass sein Wort und seine Predigt nicht in vernünftigen Reden menschlicher Weisheit bestand, sondern in Beweisung des Geistes und der Kraft.

Geistesfülle und Geistesmacht sind wohlvereinbar mit dem Bewusstsein äußerster persönlicher Schwachheit und Kraftlosigkeit. Je schwächer das Werkzeug, je widerstandsloser und hingegebener, desto größer und gewaltiger kann die Gottesmacht sein, die sich seiner bedient (2. Kor. 12, 9.10). In irdenen Gefäßen tragen Kinder Gottes im Bewusstsein ihres Elends diesen Schatz und wissen, dass die überschwängliche Kraft sei Gottes und nicht ihrer selbst (2. Kor. 4, 7).

„Das Reich Gottes besteht nicht in Worten, sondern in Kraft“ (1. Kor. 4, 20). So kommt es auch nicht auf die Länge der Rede, auf die Menge der Worte an, ja selbst das heilige Schweigen eines in der Kraft des Geistes stehenden Kindes Gottes kann lauter reden und tieferen Eindruck machen als eine Fülle von Worten in eigener Kraft.

Eine junge Dame zur Zeit Ludwigs XIV. wollte Madame Guyon, die gotterleuchtete Zeugin, besuchen, um von ihr innerlich gesegnet zu werden. Sie fand in ihrer Wohnung eine Frau, die im Ruf großer Frömmigkeit und Geistlichkeit stand. Jene Dame redete fast die ganze Zeit ununterbrochen, während Madame Guyon schwieg. Das junge Mädchen äußerte später, das Schweigen der Madame Guyon hätte ihr mehr Eindruck gemacht als die vielen frommen Worte jener anderen Frau.

Die Kraft des Geistes ist nicht abhängig von natürlichen Kräften, Begabungen oder von dem, was man durch Erziehung und Studium gewinnen kann. Es war wohl Gottes weiser Ratschluss, dass unter den ersten geisterfüllten Zeugen fast lauter ungelehrte, einfache Männer aus dem Volk waren, darunter gewiss manche von mittelmäßiger Naturbegabung, aber völlig hingegeben an die göttliche Kraftmitteilung – und deshalb geeignete Organe zum Empfang und zur Entfaltung der Wirkungen des Geistes.

Manche entschuldigen sich: „Ich habe keine Gaben zum Reden und Zeugen – es ist mir nicht gegeben – ich bin zu schüchtern – ich habe eine schwere Zunge, keine Redegewandtheit." Wo mit der Fülle des Geistes auch die *Kraft* von oben, die *Macht* des Geistes sich einem Menschen mitteilt, da kann das stammelnde Wort, das einfachste Zeugnis, die kürzeste Rede wie ein Feuerbrand andere Herzen entflammen, Sünder zu Boden werfen und geängstigten Seelen zur Annahme des Heils verhelfen.

Die Mitteilung der Kraft aus der Höhe ist nicht wie bei den Aposteln an eine zehntägige Wartezeit gebunden. Jahre der Vorbereitung können vorangehen oder auch Wochen, Tage, Stunden anhaltenden Gebets. In anderen Fällen kommt, wie bei Finney, die Kraftmitteilung unerwartet, unmittelbar in einem Augenblick, wenn die inneren Bedingungen erfüllt sind.

Die Kraft des Geistes wird auch nicht ein für alle Mal mitgeteilt, sondern sie kann, wie wir es im Leben der Apostel sehen, je nach Bedürfnis unter besonderen Voraussetzungen und Anlässen immer wieder gegeben werden.

Es gibt Wasserbehälter mit einer Art Schwimmverschluss. Lässt man unten durch den Hahn das Wasser ab, so öffnet sich oben der Verschluss, und eine neue Fülle strömt dem Behälter zu. So ist es auch im Dienstleben des geisterfüllten Gotteskindes. Steht es im Bewusstsein eigenen Mangels arm und elend vor heilsbedürftigen, dürstenden Menschen, so wird als Antwort auf das Gebet des Glaubens ihm im selben Augenblick die Ausrüstung gegeben, die Kraftfülle Gottes anvertraut werden, und das Wort wird nicht leer zurückkommen, sondern ausrichten, wozu Gott es sendet.

Die Gaben des Geistes

Vor Jahren stand ich am Trümmelbachfall bei Lauterbrunnen und sah dem seltensten Schauspiel zu. Rings von Felsen eingeschlossen, schoss wie aus einer Kanone heraus unter ohrenbetäubendem Brausen ein gewaltiger Wasserstrom durch die engen Spalten. Es war komprimierte Wasserkraft, wie man sie sich stärker kaum vorstellen kann. Nachdem dieser Kraftstrom die Talsohle erreicht hatte, wurde er, so nehme ich an, in verschiedene Röhren und Kanäle verzweigt, um allerhand Dienste zu verrichten. Hier galt es eine Mühle anzutreiben, dort eine elektrische Kraftanlage zu speisen, Felder und Wiesen mussten bewässert, das Vieh getränkt und die Haushalte der Menschen versorgt werden. Die einheitliche Kraft dort drinnen im Felsen, hier unten im Tal die vielfache Verzweigung und verschiedenartigste Verteilung der Gabe nach dem Bedürfnis der Bevölkerung.

Ist es nicht auch so mit den Gaben des Geistes? Der Apostel zeigt uns diese Gaben in ihrer einfachsten, alltäglichsten, schlichtesten Auswirkung im 12. Kapitel des Römerbriefes: „Wir haben mancherlei Gaben nach der Gnade, die uns gegeben ist.“

Da wird zunächst die *Weissagung* genannt, die geisterfüllte Rede, die dem Glauben gemäß sein soll; dann das *Amt,* was immer es auch sei, die *Lehre,* die *Ermahnung,* die *Mitteilung von Almosen,* die *Aufgabe der Leitung* und der *Dienst der Barmherzigkeit.* Für alle diese Aufgaben wird die entsprechende Gabe geschenkt. Dazu kommen noch die *Charismen* nach 1. Korinther 12 und 14, die derselbe Geist in verschiedenartiger Weise zu verschiedenen Zeiten verleiht und gibt, wem er will. Nicht allen dasselbe, nicht allen das Gleiche, sondern wie er in seiner souveränen Befugnis sie auszuteilen für gut hält. Da hat niemand ein Recht, von anderen zu verlangen, dass sie gerade diese oder jene Gabe haben müssen, wie auch keiner ein Recht hat, echte Gaben des Geistes da anzuzweifeln oder zu verwerfen, wo ihre Empfänger und Träger durch die Früchte des Geistes in einem geheiligten Leben legitimiert werden.

Die Gaben sollten nicht überschätzt und nicht unterschätzt werden. In ihnen ist der Geber zu sehen und zu ehren, der alle Gaben gibt zur Auferbauung des Leibes, dass die Heiligen zubereitet werden zum Werk des Dienstes, „bis dass wir alle hinkommen zu einerlei Glauben und Erkenntnis des Sohnes Gottes und ein vollkommener Mann werden, der da sei nach dem Maße des vollkommenen Alters Christi“.

Der Missbrauch der Gaben zur eigenen Verherrlichung rächt sich schwer. Sie werden nur gegeben zu gemeinsamem Nutzen und zur Verherrlichung des Herrn. Geistesgaben müssen von der Geistesgesinnung begleitet sein, die sich besonders in Aufrichtigkeit, Demut und Liebe zeigen wird. Wo diese grundlegenden drei Tugenden vorhanden sind, dürfte man auch den Gaben in ihrer Verschiedenheit und Vielfältigkeit mit Vertrauen begegnen und sich auch dann freuen, wenn der Herr anderen Gaben mitteilt, die er uns versagt hat, weil sich ja im Geben und Versagen seine Weisheit und seine Liebe zeigen.

Die Salbung des Geistes

Aus derselben Quelle fließend, aber ganz anders in Charakter und Wirkungen wie die Geistesfülle mit ihren außerordentlich in Erscheinung tretenden Wirkungen der Geistesmacht und der Geistesgaben, ist die Geistessalbung. Sie ist wie ein stiller, verborgener Zufluss ununterbrochener Art, äußerlich kaum wahrnehmbar und doch von unermesslichem Wert und unentbehrlich für ein geheiligtes Geistesleben im Dienst des Herrn.

Wir lesen in 1. Johannes 2, 20 und 27 von der Geistessalbung: „Ihr habt die Salbung von dem Heiligen (Geist) und wisst alles." „Die Salbung, die ihr empfangen habt, bleibt in euch, und ihr bedürft nicht, dass euch jemand lehre, sondern so wie euch seine Salbung über alles belehrt, so ist es wahr und keine Lüge, und wie er euch gelehrt hat, so bleibt darin!"

Geistessalbung und Geistesleitung sind eng miteinander verbunden. Die Geistessalbung ist das stille, innere Licht, die führende, leitende Hand, die das gehorsame Kind vor Irr- und Umwegen bewahrt und in den Linien der Wahrheit erhält.

Wird die Geistesfülle zu gewissen Zeiten mit fortreißender Gewalt, uns selbst und anderen spürbar, mitgeteilt, so wird die Geistessalbung oft erst dann empfunden, wenn sie durch eine Untreue im Wandel unterbrochen und ihr Fehlen schmerzlich offenbar wird. Ich möchte diese Geistesmitteilung vergleichen mit dem Öl einer Maschine. In jedem größeren Betrieb sind an den Zentralstellen der Maschine größere Ölbehälter angebracht, die ununterbrochen jede Sekunde ein Tröpflein hineinsinken lassen in die Gewinde, von denen aus sie allen einzelnen Teilen und Gliedern der Maschine durch die beständige Bewegung zugeführt werden. Hört der Ölvorrat auf, so wird es der verantwortliche Maschinist bald an dem entstehenden Geräusch merken. Die einzelnen Teile fangen an, sich zu reiben, ein Kreischen und Knarren bekundet den Mangel, die Räder und Walzen laufen sich heiß, und wird nicht rechtzeitig Abhilfe geschaffen, so entstehen verhängnisvolle Brüche und Schädigungen des ganzen Werkes. Ähnlich ist es mit der Salbung des Geistes. Augenblick für Augenblick wird der Gesalbte ein Tröpflein dieses heiligen Öls empfangen, das, Licht und Weisung gebend, jeder Unruhe wehrt und Wandel und Wesen in Harmonie erhält. Wird aber durch das Eintreten einer inneren Trennung von der ewigen Lebensquelle die Salbung unterbrochen, so entsteht sogleich eine innere Verfinsterung, eine Unsicherheit, ein Tasten und Suchen, eine quälende Unruhe. Und wenn nicht bald der Schaden geheilt und der Kontakt wiedergewonnen wird, kommt es dann auch leicht zwischen den einzelnen Gliedern des Leibes Christi zu Reibungen. Man wird erhitzt, gereizt, verärgert; ärgert, reizt und erhitzt andere, und schließlich kommt es zu schmerzlichen Katastrophen, die eine schwere Schädigung des Leibes Christi bedeuten.

Je mehr sich ein Herz dem Herzen Jesu öffnet, je mehr es sich dem stillen, heiligenden Einfluss des Geistes beständig erschließt, desto ununterbrochener und desto reicher wird diese Salbung sein. Der Heiland sagt: „Der Tröster bleibt bei euch und wird in euch sein." Er kommt nicht nur wie ein gewaltiger Sturmwind mit Brausen und Feuer, sondern er will sich uns auch in dem stillen, sanften Sausen als Tröpflein Öl mitteilen in der *Salbung* und uns beständig unter seinen heiligenden Einfluss bringen.

Die Salbung ist so überaus nötig. Sie lehrt uns, sie unterweist uns, sie leitet uns. Manche Gotteskinder befinden sich beständig in Verwirrung, in einer Kollision der Pflichten; ihnen fehlt die Salbung. Wer unter der Salbung steht, der wird ganz leise vom Geist geleitet. Das geschieht nicht in besonderen Offenbarungen und Visionen, Stimmen und

Worten. Die Salbung lehrt uns, solange wir gehorsam sind. „Der Heilige Geist wird gegeben denen, die ihm gehorchen.“ Fürchten wir uns vor nichts so sehr wie vor dem Ungehorsam gegen den Heiligen Geist! Der Ungehorsam ist es, der uns am meisten hindert und uns in die größte Gefahr des Stillstands und des Rückgangs bringt. Bleiben wir unter der Salbung, so kann uns der Geist Gottes durch seine zarte, liebevolle, stille Leitung beständig *das* Licht geben, das wir für den Augenblick brauchen, und *die* Gnade schenken, die wir gerade nötig haben. So gehen wir ganz selig und ruhig durchs Leben und können unter dieser Salbung ihm auch vertrauen, dass er uns nicht zuschanden werden lassen wird, sondern dass er sich verherrlichen wird durch sein schwaches, ihm geheiligtes Kind. Durch die Salbung wird er uns all das geben, was wir für unseren täglichen Dienst, für unser inneres Leben und unseren Umgang mit den Menschen brauchen.

Aber auch für unser Gebetsleben ist die Salbung unerlässlich nötig. Paulus sagt im Römerbrief: „Wir wissen nicht, was wir beten sollen, wie sich's gebührt, aber der Geist selbst vertritt uns mit unaussprechlichem Seufzen.“ Geistessalbung lehrt beten. Sie führt uns hinein in das wunderbare Heiligtum eines immerwährenden Gebetslebens, das nicht beschränkt ist auf das ordnungsgemäße Morgen-,

Mittags- und Abendgebet, nicht gebunden an eine bestimmte stille Stunde. Gleich einem stillen, fast unmerklichen Strom soll das Gebet ohne Unterlass den ganzen Tag durchfluten, in jede Arbeit uns hinein- und hindurchbegleiten, in jeder Unterhaltung uns bewahren und leiten. Durch das stille, ununterbrochene Geistesgebet werden wir die Kraft empfangen, auch unsere kleinen täglichen Pflichten treu zu erfüllen, und alles, auch die äußeren Arbeiten und Aufgaben des Lebens, zur Ehre des Herrn zu verrichten. Die Geistessalbung treibt ins Gebet. Das Gebet aber wird uns immer wieder neue Geistessalbung zuführen, weil es den beständigen Kontakt mit dem Gott der Liebe unterhält, sodass der Geist der Gnade und des Gebets uns Augenblick für Augenblick mitgeteilt werden kann.

Die Freiheit des Geistes

Der Geist der Knechtschaft und der Furcht wird überwunden, wenn wir uns dem Heiligen Geist hingeben, der uns in „die Freiheit der Kinder Gottes" führen will (Röm. 8, 21).

Nach dem, was wir vorher gesagt haben von der Beeinflussung und Leitung des Geistes, könnte man meinen, dass jede persönliche Freiheit drangegeben werden müsste und man in eine gesetzliche, ängstliche Zwangsstellung hineingebracht würde, wenn man sich dieser Macht unterwirft. Dem ist aber nicht so, im Gegenteil: der Heilige Geist erzieht und bereitet uns zur wahren Freiheit. Er macht uns zu freien Persönlichkeiten, indem er uns von den Hemmungen, Ketten und Banden des Fleisches und der Finsternis löst und uns unter die Siegesherrschaft des Christus stellt, der es ausdrücklich gesagt hat: *„Wenn euch der Sohn frei macht, seid ihr in Wahrheit frei"* (Joh. 8, 36).

Der Weg zu dieser Freiheit geht, wie zu jeder anderen Gnadenerfahrung, über *Golgatha.* Dort zeigt uns der Heilige Geist, indem er uns Christus offenbart und verklärt, das Lamm Gottes, das uns befreit von dem Fluch der Schuld und der Macht der Sünde und damit auch von dem bösen Gewissen und von der knechtischen Furcht. Indem uns der Heilige Geist die Tiefen der Erlösung offenbart, führt er uns in das Bewusstsein unserer Befreiung von der Obrigkeit der Finsternis, löst uns von der Liebe zur Welt, befreit uns von der ängstlichen Sorge um irdische Dinge und schließlich auch von der Liebe zu uns selbst. An die Stelle der Selbstvergötterung und Ichliebe treten Selbstverleugnung und Hass des eigenen Lebens. Christus wird durch die Wirkungen des Geistes unser neues Ich, und dadurch werden wir frei zum Dienst. Erlöst von allen Hemmungen und Banden, die uns bisher untauglich machten, sind wir nun *„befreit zu der herrlichen Freiheit der Kinder Gottes"* und dürfen in dieser mit allen uns verliehenen Kräften, Gaben und Gnaden ihm dienen, der uns erlöst hat durch sein Blut. So wird alle scheinbare Beschränkung und Hemmung des natürlichen Fleischeslebens nur ein Weg in die wahre Freiheit, wie der Dichter sagt:

> Freiheit ist der Zweck des Zwanges,
> wie ich meine Rebe binde,
> dass sie, statt im Staub zu kriechen,
> frei sich in die Lüfte winde.
> (Aus „Dreizehnlinden" von Weber)

Das ganze 8. Kapitel des Römerbriefes ist eigentlich ein Triumphgesang der Freiheit, die uns in Christus erworben und durch den Heiligen Geist zugeeignet wird. *Wir brauchen nicht mehr Knechte* der Sünde zu sein, sondern dürfen uns an der Freiheit in Christus freuen. Unter dem Gesetz der Sünde sind wir arme, geknechtete, gebundene, beengte, gedrückte und gefesselte Menschen. Unter der Gnade, im Machtbereich des Heiligen Geistes, in seiner befreienden Kraft fallen die Fesseln. Wir haben die Möglichkeit, ein geheiligtes Leben zu führen, und dürfen uns an dieser Befreiung vom Zwang der Sündenherrschaft freuen und trösten. Zinzendorf sagt: „Es ist unser Privilegium, dass wir nicht sündigen *müssen.*" Nicht, dass wir nicht sündigen *könnten!* – Aber wir *brauchen* nicht, wir *müssen* nicht! Wir können überwinden in ihm, dem großen Überwinder, der uns heiligen will, wenn wir in der uns geschenkten Freiheit wandeln und sie nicht wieder verlieren und verkaufen um irgendetwas, was uns der Feind anbietet.

Ein wunderbares Licht über die Freiheit des Geistes gibt uns 2. Korinther 3, 17 nach einer etwas anderen Übersetzung: „Denn *Herr* ist der Geist; wo aber der Geist *Herr* ist, da ist Freiheit."

Der Geist will herrschen, der Geist will in uns der Herr sein, und wo der Geist *Herr* ist, da ist Freiheit.

Solange wir den Geist zurückdrängen, ihn dämpfen, ihn betrüben, ihn einengen und ihm nicht Raum lassen, sind wir unter einem Zwang und stehen unter tausend anderen Einflüssen. Wir seufzen, weinen und quälen uns. „Ich möchte wohl, aber ich kann nicht!" Wir haben anderen Mächten die Herrschaft über uns eingeräumt.

Wenn aber der Heilige Geist Macht über uns bekommt, dann sind wir frei. Gerade weil der Heilige Geist uns unter seine königliche, heilige und göttliche Zucht nimmt, führt er uns in die Freiheit.

Überlässt man ein Kind seinen Stimmungen und Launen, seinem Eigenwillen und seinen Begierden, so ist es unglücklich und unzufrieden. Steht das Kind aber unter der Zucht (Erziehung) eines höheren, weisen Willens, so fühlt es sich frei und froh und ist im Gehorchen glücklich. Dasselbe gilt auch von den Kindern Gottes. Beugen wir uns unter die Zucht des Heiligen Geistes in kindlichem Gehorsam und lassen uns von ihm leiten, dann sind wir königlich frei.

Die Verklärung des Geistes

Es ist die Aufgabe und das Ziel des Heiligen Geistes, uns durch einen allmählichen Prozess der Erneuerung und Verwandlung zur Verklärung in Jesu Bild zu führen. Empfangen können wir die *Erstlingsgabe* des Heiligen Geistes in einem Augenblick. *Die Fülle des Geistes* kann uns in einem gewaltigen Offenbarwerden der Macht und Kraft plötzlich mitgeteilt werden; aber die *Verklärungsarbeit* ist eine ganz allmählich fortschreitende.

Es ist ein Irrtum zu meinen, dass dieses Ziel, die Verklärung, im Handumdrehen zu erreichen wäre. Der Apostel sagt in 2. Korinther 4, 1: „Darum, weil wir einen solchen Dienst haben, nachdem uns Barmherzigkeit widerfahren ist, werden wir nicht entmutigt (müde)." Es ist der Dienst des Gehorsams, den wir in diesem Zusammenhang der Majestät des Geistes zu leisten schuldig sind. Überlassen wir uns gehorsam und dienstfertig dieser Geistesherrschaft, so wird von Stufe zu Stufe, von Grad zu Grad die Verklärungsarbeit des Geistes in uns vollbracht, und wir können *ohne Entmutigung* seinem Wirken stillhalten und uns ihm völlig überlassen, auch wenn es nicht so schnell geht, wie wir in unserer Ungeduld oft möchten. Es kommt nur darauf an, dass wir ihn nicht hindern. Er wird dieses große Werk allein vollbringen, wenn wir es ohne Widerstreben an uns geschehen lassen.

Vor Jahren erzählte uns unsere Schwester Margarete von ihrer Tätigkeit in der Diamantenschleiferei vor ihrem Eintritt in den Dienst des Herrn. Der Diamant wird von Meisterhand in Blei gefasst und dann auf einer zubereiteten Stahlplatte geschliffen. Bleibt er in seiner Fassung und lässt er still das Schleifen an sich geschehen, so kommt der Meister eher zu seinem Ziel, und der Edelstein wird fähig, einen Platz in einem wertvollen Schmuckstück einzunehmen. Es kommt aber nicht selten vor, dass sich solch ein Diamant gegen das Schleifen sträubt. Er schreit und kreischt laut auf, springt wohl gar aus der Bleifassung heraus und muss dann erst mühsam im Staub und Kehricht gesucht werden, um aufs Neue die Schleifarbeit an sich zu erdulden.

Erschweren nicht auch wir oft die Verklärungsarbeit des Heiligen Geistes durch nutzloses Sträuben, Seufzen und Weinen, ja vielleicht auch dadurch, dass wir „aus der Fassung kommen", um unsere vermeintliche Freiheit und Selbstherrschaft wiederzugewinnen? Das ist dann ein großes Elend, und viele unnütze Kämpfe und Zeitverlust sind die Folge solch unverständigen Sträubens. Das Einzige, was von uns verlangt wird, ist, dass wir dem Werk der Verklärung des Geistes stillhalten. Mit eigener Gewalt lässt es sich nicht erzwingen.

„Göttliche und inn're Dinge
lassen's vollends gar nicht zu,
dass man sie im Sturm erzwinge,
sondern weisen uns zur Ruh'."

Es gibt Zeiten und Gelegenheiten im inneren Leben, da gilt es, das Himmelreich mit Gewalt zu nehmen. Wenn wir hindurchdringen durch die enge Pforte der Buße ins neue Leben, so geht das nicht anders als mit einem Ruck. Hier aber heißt es einfach, dem Wirken des Geistes Gottes Raum zu geben und ohne Widerstreben seine Heiligungs- und Verklärungsarbeit an uns geschehen zu lassen. Es ist die feine Ziselierarbeit der tieferen, inneren Durchheiligung des Geistes. Diese Verklärung geht von Klarheit zu Klarheit, und er allein weiß, wie viel Zeit er dazu braucht, bis er sein Ziel erreicht hat.

Die Verklärung des Geistes geht nun von innen nach außen, vom Zentrum zur Peripherie. In dem bekannten Spruch 1. Thessalonicher 5, 23.24 wird uns diese Linie klar gezeigt: „Er aber, der Gott des Friedens, heilige euch durch und durch, und euer

Geist ganz, samt Seele und Leib, muss bewahrt werden unsträflich auf die Ankunft unseres Herrn Jesus Christus. Getreu ist er, der euch ruft; er wird's auch tun."

Von innen, vom Allerheiligsten des Geistes ausgehend, durch das viel verzweigte Gebiet der Seele, muss auch der Vorhof, der Leib, von der Verklärungsarbeit des Geistes durchdrungen und durchheiligt werden. Dieser Leib von Fleisch und Blut mit seinem Knochengerüst und seinem Nervensystem und all den wunderbaren, geheimnisvollen Organen und Gliedern soll ja ein Tempel des Heiligen Geistes sein. Innerhalb dieser äußeren Umhüllung baut sich der Herr schon jetzt seinen Verklärungsleib, und dieses äußere Baugerüst muss so lange halten, bis das innere Bauwerk vollendet ist.

Der Heilige Geist, der uns gegeben ist, ist das Unterpfand (2. Kor. 1, 22), dass Gott mit seiner Verklärungsarbeit fertig werden wird, wenn wir ihn nicht hindern und ihm nicht im Wege stehen durch unsere Ungeduld und mangelnde Ehrfurcht. Durch widerstrebendes, ungeziemendes Wesen kann man es ihm, dem großen Werkmeister, schließlich unmöglich machen, sodass er uns beiseite liegen lassen muss.

Es zielt alles darauf hin, dass wir zur Überkleidung, zur Verwandlung kommen; gleichgültig, ob er uns rufen wird mit dem Ton der Posaune oder durch den Mund des Engels, ob uns das Häuflein Erde bedeckt oder ob es geraden Weges hinaufgeht in der Entrückung bei seinem Kommen (1. Thess. 4, 17), wir dürfen, wir sollen *Wartende* sein. Die Erwartung einer klugen Jungfrau dürfen wir nicht aus den Augen verlieren. Das Öl des Geistes muss unser Gefäß füllen, damit uns die Lampe im Sturm nicht verlischt. Wir wollen uns auch der Verklärungsarbeit des Heiligen Geistes anvertrauen *bis in unser Leibesleben hinein,* damit die „Verwandlung“ (2. Kor. 5, 4; 1. Kor. 15, 50-57) einmal möglich ist. Sie wird nicht bei allen möglich sein. Wer noch fleischlich gesinnt ist und das eigene Leben nicht drangeben will, es festhält und pflegt, der wird schwerlich am Tag des Herrn zur Verwandlung gelangen. Er kann wohl errettet werden und in die Seligkeit eingehen (1. Kor. 3, 11-15), aber zur Herrlichkeit berufen sein ist noch etwas anderes. Die Herrlichkeit ist an Bedingungen geknüpft, und diese Bedingungen heißen: mit Christus gekreuzigt, mit Christus auferstanden, trachten nach dem, was droben ist, wo Christus ist. Es geht von Lösung zu Lösung. Geist, Seele und Leib *ganz,* nicht stückweise! *Manche* möchten wohl einen groben Fehler ablegen, der sie immer wieder in Schwierigkeiten bringt und ihnen Schande macht (Heftigkeit, Sichgehenlassen, Untreue und dergleichen), aber das ist nicht ausschlaggebend. Es kommt einzig darauf an, dass wir etwas werden zum Lobe seiner Herrlichkeit, dass seine Gnade einen Triumph aus uns machen kann und wir ihn nicht enttäuschen. Wir wollen ihm stillhalten, dass er dieses große Werk an uns tun kann bis zur Vollendung.

Der Herr gibt uns in Lukas 11, 36 ein wunderbares Licht über das, was er als höchstes Ziel der Verklärung für die Seinen sich vorgenommen hat: „Wenn nun dein Leib ganz licht ist, dass er kein Stück von Finsternis hat, so wird er ganz licht sein, wie wenn ein Licht mit hellem Blitz dich erleuchtet."

Das ist ein Gegenstand zu heiliger Prüfung. Stellen wir uns vor sein göttliches Angesicht, fragen wir uns ehrlich: Ist da noch irgendwo ein Rest von Finsternis, durch die das Licht noch nicht hindurchdringen konnte? Zeigt er uns dann etwas, so wollen wir es ihm ausliefern, damit wir ganz und völlig *licht* werden.

Kommt einst der Herr in den Bereich unserer Luftatmosphäre, so eilen nur die ihm entgegen, die gelöst sind und die durch die Verklärung das Schwergewicht der Erdgebundenheit verloren haben. Die anderen müssen nach dem Wort Gottes noch durch schwere und harte Proben hindurchgehen, die sie sich ersparen könnten, wenn sie sich jetzt schon dem Verklärungswerk des Heiligen Geistes völlig überlassen würden.

Die Frucht des Geistes

„An ihren Früchten sollt ihr sie erkennen!“, hat der Herr einst zu seinen Jüngern gesagt. Die Frucht entscheidet. Geistesfülle, Geistesmacht und Geistesgaben wären nicht nur wertlos, sondern sogar verhängnisvoll, wenn die *Frucht des Geistes* fehlte, die erst die Echtheit und Göttlichkeit der Geisteswirkungen beweist.

Diese Frucht aber des Geistes ist in ihrer Zusammenfassung mit einem Wort zu nennen – es ist die Liebe. Die Liebe ist göttlichen Ursprungs, das Wesen der Gottheit selbst. Gott ist Liebe, und wo der Heilige Geist durch seine Wirkungen und Mitteilungen, durch seine Salbung, Befreiung und Verklärung die Gottähnlichkeit im Menschen wiederherstellt, da kann es ja auch gar nicht anders sein, als dass Frucht und Folge dieser Geistesarbeit die Liebe ist. „Wer in der Liebe bleibt, der bleibt in Gott und Gott in ihm.“

Paulus spricht in 1. Korinther 13 davon, wie selbst die höchsten Offenbarungen, die größte Erkenntnis, ja sogar der Heroismus, der sich in den Flammentod gibt, und die Mildtätigkeit, die die letzten Güter opfert, keinen Wert hat *ohne die Liebe.* Sie ist die Frucht, die nicht fehlen darf und die uns im Brief an die Galater (Gal. 5, 22) in Gestalt einer Traube vor Augen geführt wird, deren einzelne Beeren die Ausstrahlungen und Ausgestaltungen der Liebe darstellen.

Hat der Heilige Geist die Liebe Gottes ausgegossen in unser Herz (Röm. 5, 5), so wird sich auch die Frucht des Geistes in ihrer vielgestaltigen Weise finden, und das neue Gebot Christi, das Einzige, was er uns hinterlassen hat, als Erfüllung des ganzen Gesetzes, die Liebe, wird wesenhaft in Erscheinung treten.

Was ist eigentlich das Wesen der Frucht? Es ist die Verkörperung des Lebenssaftes, der im Baum oder in der Traube durch Stamm, Äste und Zweige bis in die letzten kleinen Triebe hineinsteigt. Dort bildet er, weil er sich nicht in den weiten Luftraum ergießen darf, die Frucht in dem kleinen, verborgenen Fruchtknötchen, das die Blüte in den Frühlingstagen so zart verbarg und umhüllte. So bringt auch der Heilige Geist als der wahre Lebenssaft seiner Natur entsprechend die Frucht im Leben der Gotteskinder hervor.

Wenn wir nun unter der Gestalt einer Traube die einzelnen Teile der Geistesfrucht vergleichen, so finden wir zunächst die *Freude.* Freude ist die *jubelnde*

Liebe. Wo Liebe ist, erweckt sie Freude. Das ist schon im Irdischen so. Ist die Gottesliebe durch den Heiligen Geist in unser Herz ausgegossen, so kann und darf die *Freude* nicht fehlen. Es wird dann aus der Gottesliebe die *Gottesfreude* geboren. Die ersten Christen trugen in besonderer Weise den Stempel heiliger Gottesfreude an sich. Wenn sie einander begegneten, riefen sie sich als Gruß zu: „Freuet euch!" oder auch nur „Freude!"

So wird auch in unserem Leben die erste Frucht Freude sein, wenn wir in der Liebe des Heiligen Geistes stehen. Die Welt hat so oft Anstoß genommen an den sogenannten Christen, hat gespottet und gelästert über die Kopfhänger, weil so wenig von der Freude zu sehen war. Wenn ein Christ mühselig und trübe und in sich selbst vergrübelt einhergeht, dann ist er eine schlechte Empfehlung für das Christentum vor der Welt. Sie verlangt ja nach Freude und versucht auf alle mögliche Weise sich solche zu verschaffen. Ist die Freude der Welt auch eine künstliche, schnell vorübergehende, so bildet sie sich doch wenigstens im Moment ein, Freude zu genießen. Die Weltfreude gleicht dem Feuerwerk, das in schillernden Farben und flackernden Lichtergüssen die Dunkelheit der Nacht für Augenblicke erleuchtet, wenn auch die Finsternis nachher umso dunkler erscheint.

In unserer Natur liegt das tief eingewurzelte Bewusstsein, dass Gott den Menschen zur Freude erschaffen hat. Halbherzige Christen, die nie mit ihrem alten Adamsleben und der Sünde völlig gebrochen haben, kennen keine wahre Freude. Sie gehen friedlos und freudlos durch das Leben und sind jämmerliche, bedauernswerte Kreaturen.

Tersteegen sagt:

„Wer sich nicht ganz will Gott ergeben,
der führt ein wahres Jammerleben.
Brich durch! Es koste, was es will –
sonst wird das arme Herz nicht still!"

Wehe uns, wenn wir mit halbem Herzen, mit halbem Leben, mit halber Hingabe zu Gott kommen und ihm so dienen wollen! Dann haben wir nichts von Gott und haben auch nichts von der Welt. Wenn aber die Liebe Gottes das Herz erfüllt und wir den wiederlieben dürfen, der uns zuerst geliebt hat, dann wird auch diese Liebe aufquellen wie ein seliger Brunnen der Freude und zu einer *jubelnden Liebe* werden.

Die zweite Beere der Traube, die die Frucht des Geistes darstellt, ist der *Friede.* Kann auch die Welt unsere geistliche Freude nicht verstehen, so beneidet sie uns doch um den Frieden. Der Friede ist die *ruhende Liebe.* Jeder wahre Christ sollte den Frieden Gottes im Herzen tragen und in der Kraft dieses Friedens den Kindern der Welt begegnen.

Wir können von einem dreifachen Frieden reden. Der erste Fundamentalfriede ist der Rechtfertigungsfriede, der uns von Christus am Kreuz erworben ist. Auf Golgatha wurde er ohne unser Zutun für uns geschlossen. „Gott war in Christus und versöhnte die Welt mit sich selbst und hat unter uns aufgerichtet das Wort von der Versöhnung" (2. Kor. 5, 19).

Dieser Friede ist ein uns zugerechneter, sozusagen juristischer Friede, der uns, wenn wir ihn einmal im Glauben angenommen haben, nicht wieder genommen werden darf, selbst dann nicht, wenn wir uns durch Unachtsamkeit oder Überlistung des Feindes in irgendeine Sünde verstrickt haben. Der Friede der Rechtfertigung muss uns als heiliges Erbgut bleiben, wenn wir einmal mit Gott versöhnt sind. Es ist ganz verkehrt, wenn Kinder Gottes meinen, dass sie jedes Mal, wenn sie in eine Sünde geraten sind, ihre Rechtfertigung und ihre Kindesstellung in Christus dadurch verlieren. Auch ein unartiges Kind bleibt Kind seines Vaters. Die auf Golgatha vollbrachte Versöhnungstat behält ihre Kraft, auch wenn wir gesündigt haben. Auf dem Fundament dieses Rechtfertigungsfriedens erwächst der andere, *der Friede der Heiligung:* „Der Friede Gottes, der höher ist als alle Vernunft“ (1. Thess. 5, 23 und Phil. 4, 7). Jesus sagt in seiner Abschiedsstunde: „Den Frieden lasse ich euch, meinen Frieden *gebe* ich euch.“ Er hinterließ seinen Rechtfertigungsfrieden. Er *gibt* durch den Heiligen Geist den Frieden der Heiligung, der in der wieder hergestellten Harmonie mit dem Willen Gottes liegt. Dieser Friede ist als eine Frucht des Geistes abhängig von unserem Wandel und dem Gehorsam in einem geheiligten Leben. Gott spricht durch den Propheten Jesaja (Jes. 48, 18): „O dass du auf meine Gebote merktest, so würde dein Friede sein wie ein Wasserstrom und deine Gerechtigkeit wie Meereswellen.“

Der zarte Friede des Heiligen Geistes kann sehr leicht betrübt werden. Geben wir uns einer unfreundlichen Stimmung hin, verharren wir in einer Untreue, einem Ungehorsam oder in dem Gefühl des Neides, der Eifersucht, der Lieblosigkeit, so ist der Friede gestört. Nach Gottes Willen soll *der Friede unsere Herzen und Sinne bewahren in Christus Jesus.* Er gleicht einer Festung, die uns bewahrt vor dem eindringenden Feind mit seinen Versuchungen und seiner Unruhe und uns schützt, sodass die feurigen Pfeile des Bösewichts nicht in unser Inneres eindringen dürfen.

Umschließ mich ganz mit deinem Frieden,
o du mein Heiland Jesus Christ;
halt mich von allem abgeschieden,
was dich nicht meint, was du nicht bist!
Ich wünsche mir kein andres Leben,
als das dein Sterben mir gegeben
und du am Kreuz erworben hast.
Drum beug all meinen Eigenwillen,
dass er sich göttlich möge stillen
bei deines Kreuzes leichter Last!
Mein König, lass mich nichts vertreiben
aus dieser Burg, die Friede heißt!
O lass mir's ewig teuer bleiben,
dass du stets bei den Deinen sei'st!
Kein Heil ist hiermit zu vergleichen;
Vernunft, die kann es nicht erreichen,
weil's über alles Denken ist.
Nur durch des Geistes sanftes Wehen
kann ich etwas davon verstehen,
der du mein ew'ger Friede bist.

(Clemens)

Der Friede Gottes, der als Frucht des Heiligen Geistes unser ganzes Wesen unter seine Friedensmacht bringt, wird sich dann auch auswirken in dem *Frieden untereinander.*

Als Friedenskinder werden wir durch die friedelose Welt gehen. Im Zusammenleben mit den verschiedensten Menschen werden wir still, ruhig und friedevoll bleiben können. „Glückselig die Friedfertigen (zum Frieden Bereiten oder Friedenmachenden); denn sie werden Gottes Kinder heißen“ (Matth. 5, 9). Überall bereit, Frieden zu stiften, Frieden zu vermitteln, den Frieden zu bewahren, auch auf Kosten eigener Rechte, gehen solche Friedenskinder durch das Leben hin, und will der Friede einmal fliehen gleich einer scheuen Taube, so jagen sie ihm nach. Soviel an ihnen ist, halten sie Frieden mit *allen Menschen.* Der Friede ist wohl eines Opfers wert, und soweit nicht das Gewissen in Betracht kommt, dürfen wir manchen Preis für den Frieden bezahlen: unsere Anschauungen, unsere Ansichten, unsere Bequemlichkeit, unsere Ehre, unsere Wünsche, unsere Zeit, unseren Eigenwillen, unser Recht. Es gilt die Hand zuerst auszustrecken auch da, wo andere uns gekränkt und beleidigt haben (Matth. 5, 39-44). Das ist die Friedensgesinnung Jesu.

Auch die *Geduld* gehört zur Frucht des Geistes. Sie ist die *tragende* Liebe. Geduld tut uns not! Geduld im Zusammenleben untereinander, um das Tragen, Vertragen und Ertragen recht zu üben; Geduld, um unter der aufgelegten Last zu bleiben, ohne sie abzuschütteln und klagend zu murren; Geduld auch in Krankheitsleiden, in schweren Führungen, in innerlichen und äußerlichen Trübsalen und schließlich auch Geduld mit uns selbst, wenn es nicht so schnell vorwärts geht, wie wir wünschen. Ungeduld bringt uns nicht zum Ziel. Die Geduld als Frucht des Geistes kann warten, bis Gott selbst sein Werk getan hat an uns und an anderen.

Die Freundlichkeit ist die leuchtende Liebe – eine ganz besonders liebliche Frucht des Heiligen Geistes. Sie ist keine heroische Tugend, die sich nur in seltenen großen Augenblicken und Gelegenheiten erweist, sondern eine Geistesfrucht, die gerade den Alltag verklärt und jedes Verhältnis den Menschen gegenüber durchleuchtet und heiligt. Es ist kaum etwas so schwer zu ertragen wie ein unfreundlicher Mensch mit seinem unfreundlichen Wesen. Manche entschuldigen sich damit, dass sie es ja nicht so schlimm meinen – sie empfänden wohl auch Liebe, könnten es aber nicht nach außen zeigen. Das ist eine schlimme Ausrede. Keiner glaubt es uns, dass wir im Herzen eine liebevolle Gesinnung haben, wenn wir nach außen ein unfreundliches, düsteres und unliebenswürdiges Gesicht machen. Vater Bodelschwingh sagte einst einer jungen Schwester in Sarepta: „Kind, weißt du nicht, dass man sich auch ein freundliches Angesicht erbitten kann?" Die Schwester hat sich das

Wort gemerkt, und ihre Bitte wurde ihr erhört.

Wenn die Freundlichkeit als Frucht des Geistes drinnen im Herzen wohnt, wird sie auch die schlichtesten, ja die unschönsten Züge licht und sonnig machen und einen Verklärungsschimmer auf das ganze Wesen und den Wandel des Menschen ausstrahlen. Die schönste Gegend ist reizlos ohne den leuchtenden Glanz der Sonne. So darf auch die Freundlichkeit als Frucht des Heiligen Geistes unserem Leben und Wesen nicht fehlen, wenn wir wohltuend und herzerquickend auf unsere Umgebung wirken wollen.

Es war nur ein sonniges Lächeln,
es war nur ein freundliches Wort;
doch scheuchte es lastende Wolken
und schwere Gedanken fort.

Es war nur ein warmes Grüßen,
der tröstende Druck einer Hand;
doch schien's wie die leuchtende Brücke,
die Himmel und Erde verband.

Ein Lächeln kann Schmerzen lindern,
ein Wort kann von Sorge befrein,
ein Händedruck Sünde verhindern
und Liebe und Glaube erneun.

Es kostet dich wenig, zu geben
Wort, Lächeln und helfende Hand;
doch arm und kalt ist dein Leben,
wenn keiner solch Trösten empfand.
(Hedwig von Redern)

Verwandt mit der Freundlichkeit, der leuchtenden Liebe, ist die *Gütigkeit,* die *mitteilende Liebe.*

Kann die Freundlichkeit schon mit einem sonnigen Lächeln, einem Gruß, einem Wort, einem Händedruck viel ausrichten, so wird die Gütigkeit noch mehr tun. Sie *muss* geben, sie *muss* sich mitteilen, sie sinnt ununterbrochen darauf, wie sie andere an ihrer Liebesfülle teilnehmen lassen kann. Ach, lasst uns auch gütige Menschen sein! Die wahre Liebe denkt nicht daran, etwas für sich zusammenzuraffen und zu behalten, sondern ihr Verlangen und Streben geht darauf aus, andere zu beglücken und ihnen helfend und gebend ihr Los zu erleichtern. Die Gütigkeit ist erfinderisch in ihren Opfern. Sie findet immer wieder Mittel und Wege, anderen zu helfen und wohlzutun. „Einen fröhlichen Geber hat Gott lieb“ – dieses Wort gilt besonders für die Träger dieser Geistesfrucht.

Nun kommt eine Doppelfrucht, die wir sowohl mit *Treue* als auch mit *Glauben* übersetzen dürfen, da für beide der griechische Urtext nur ein Wort hat.

Die *Treue* ist die *ausharrende Liebe* – der *Glaube* die *vertrauende* Liebe – beide Ausgestaltungen der Geistesfrucht sind unentbehrlich in einem wahren Christenleben. Die ausharrende Liebe, die treu bleibt bis ans Ende, empfängt Krone und Lohn. Die vertrauende Liebe wird nicht zuschanden, und durch alles Dunkle der Zeit, durch Kampf und Not, ja selbst im Tod bewährt sie sich als wahre Frucht des Heiligen Geistes, der der Siegespreis zuteil wird.

Die *Sanftmut* ist die *wehrlose Liebe.* Sie verteidigt sich nicht selbst. Sie sucht nicht ihr Recht. Sie hat sich von dem Lamm Gottes die Lammesnatur schenken lassen. Sie kann leiden und schweigen, dulden und lieben. „Die Sanftmütigen werden das Erdreich besitzen“, sagt der Herr. Die Verheißung mag wohl in erster Linie auf jene Vollendungszeit hindeuten, da die Überwinder, die hier erduldet, Schmach getragen und gelitten haben, dann teilhaben dürfen an dem Herrschertum Christi und mit ihm und für ihn regieren über die Erde. Aber schon jetzt üben die Sanftmütigen eine Macht aus, die weit größer und sieghafter ist als aller Aufwand natürlicher Energie im Kampf um das eigene Recht. Wie oft schon hat die Sanftmut einer duldenden, im Leiden bewährten Frau die Zornmütigkeit ihres Mannes überwunden;

wie oft hat eine sanftmütige Tochter, die in der Liebe Christi bereit war, alles auf sich zu nehmen und schweigend und leuchtend die Schmach des Kreuzes zu tragen, nacheinander alle widerstrebenden Glieder der Familie besiegt und zu Jesu Füßen gebracht!

Sanftmut ist *heilige Wehrlosigkeit* und zugleich *sieghafte Kraft.* Möge der Herr sie uns allen schenken können. Dann wird er auch als der Advokat und Rechtsbeistand der Seinen für uns eintreten und seine Sache zum Sieg führen.

Als letzte Frucht des Geistes wird die *Keuschheit* genannt, die *reine Liebe.* In geistlicher Beziehung ist die Keuschheit nach biblischem Sprachgebrauch das ganz auf Gott gerichtete Herz und Auge. Jedes Hinschielen und Buhlen mit der Gunst und Lust dieser Welt wird im Alten Testament mit der furchtbaren Sünde der Treulosigkeit (des Ehebruchs) verglichen.

Oft wendete sich das auserwählte Volk, das Brautvolk Jahwes, von ihm ab und suchte Schutz und Hilfe, Freude und Genuss bei den Mächtigen der Erde und unter den heidnischen Nachbarvölkern.

Die keusche Liebe zu Christus ist die reine Brautliebe, die nichts anderes daneben dulden kann. Wahres bräutliches Verhältnis gestattet schon im irdischen Sinn keine Teilung der Interessen. Jungfrauen, die dem Lamm nachfolgen, wo es hingeht (Offb. 14, 4b), haben nur *ein* Ziel, *eine* Liebe, *ein* Herzensverlangen und können und dürfen sich nicht verweilen, zersplittern oder ihre Liebe hin und her verschenken. Aus dieser inneren Herzenskeuschheit wird dann auch die rechte Stellung zur Umwelt und zu den Mitmenschen erwachsen.

Nie ist es nötiger gewesen als heute, behutsam und vorsichtig zu wandeln durch diese Welt voller Unreinheit, die von allen Seiten die Keuschheit des Herzens bedroht und ihre Netze ausstellt, um unbewachte Sinne zu fangen. Die wahre Keuschheit als Frucht des Geistes wird sich frei und rein halten von allem, was Geist, Seele und Leib beflecken kann. Sie wird kein Buch lesen, kein Blatt zur Hand nehmen, das unnütze, schändliche, aufreizende Gedanken erweckt. Sie wird die Augen abwenden von Bildern und Darstellungen, die die innere Keuschheit verletzen. Sie wird in Gedanken, Worten und Taten nichts an sich und anderen dulden, was nicht in Übereinstimmung ist mit wahrer Herzensreinheit. Die reine, keusche Liebe wird sich in der Zucht des Heiligen Geistes zu bewahren wissen vor dem Giftrausch der Welt, vor den Anfechtungen des unreinen Geistes und wird mit heiligem Verlangen darauf bedacht sein, in der wahren Brautgesinnung dem Himmelsbräutigam unverletzt entgegenzugehen.

Die Frucht des Geistes in ihrer siebenfachen Ausstrahlung ist die göttliche Legitimierung echten Geisteslebens, wahren Geisteswandels. Wo diese Geistesfrucht in ihrer Vielgestaltigkeit vorhanden ist, da wird auch die Geistesfülle mit ihrer Kraft und der Mannigfaltigkeit der Gaben das göttliche Siegel tragen. Unter der Salbung des Geistes, in heiliger Freiheit und innerer Gebundenheit, wird die Verklärung des Geistes fortschreitend die Frucht des Geistes hervorbringen und das Wirken des Heiligen Geistes im täglichen Leben seinen vollen Zweck erreichen.

Bleibe heute in Ihm
wie die Rebe am Weinstock,
und nimm aus Seiner Fülle
Gnade um Gnade durch die Kraft
des Heiligen Geistes.

Eva von Tiele-Winckler

Nachwort zur 10. Auflage

„Seit Pfingsten weht ein anderer Wind ...“ – ein Satz, der mir aus einer Predigt im Gedächtnis geblieben ist. Damit könnte auch Ziel und Inhalt dieser Schrift Mutter Eva von Tiele-Wincklers kurz gefasst umschrieben sein. In der ihr eigenen Art stellt sie das Geisteswirken in einen „theosophisch“ wirkenden Seinszusammenhang biblisch gründender Heilserkenntnis. Im verständlichen und natürlichen Erklärungsmuster einer ihrer Zeit entsprechenden Auslegungstradition, gelingt es auch dem Leser von heute das zum Klingen zu bringen, was Gottes guter Geist seit Anbeginn der Schöpfung für seine Menschen eigentlich bewegen will. Nicht in einer theologisch-theoretisierenden Weise, sondern auf dem Erfahrungshorizont des christlichen Lebens und mitten hinein in unsere Alltäglichkeiten, greifen die für unser geistliches Leben überlebensnotwendigen biblisch gründenden Beispiele und geschilderten weltlichen Erlebnisse und reichen damit auch in die Seele unserer Glaubensexistenz tief hinein.

Die einzelnen Kapitel dieser Schrift führen in seelsorgerlich-feinfühliger Art und in glaubensstärkender Weise in ein Verständnis des Geisteswirkens Gottes, das es ermöglicht, sich darin im Spiegel der eigenen Geisteserfahrung neu zu orientieren und glaubende Sensibilität für die Wirkung des Heiligen Geistes in uns und an uns zu entwickeln und zu stärken. Wenngleich diese tausendfach und weit über ein halbes Jahrhundert hinweg verlegte Schrift Mutter Eva von Tiele-Wincklers eben in der Sprache und Ausdrucksform ihrer Zeit verfasst bleibt, so verliert sie dennoch nichts von der Ernsthaftigkeit der guten Nachricht Gottes an uns Menschen über alle Zeiten hinweg. Nicht Alleingelassene bleiben wir „im täglichen Leben", sondern Umfangene und Erfüllte, Begabte und Begnadigte unter der Führung seines Geistes.

„Seit Pfingsten weht ein anderer Wind …" – seither gilt es sein Wehen in unseren Alltäglichkeiten aufzuspüren. Ihn verändernd in unserem Leben Einfluss nehmen zu lassen. Uns zu öffnen für sein Wirken. Dann wird er uns verändern, hinein in das Bild des „Nazareners". Wir in Ihm und er in uns. Wie das Feuer im glühenden Stahl. Wie der Duft im Kelch der Lilie.

Mögen Mutter Evas Gedanken in dieser Schrift solches in uns und an uns bewirken. Zur Ehre und zum Lob Gottes in seiner Welt – und zu unserem Heil in Ewigkeit.

Pfr. Leonhard Gronbach
Leitender Theologe
Stiftung Diakonissenhaus Friedenshort

Weitere Titel von Eva von Tiele-Winckler:

E. v. Tiele-Winckler: Die stille Stunde (Geheftet 16 S.)

Eva von Tiele-Winckler war es ein großes Anliegen, die Wichtigkeit bewusst eingeplanter Zeiten der Stille und regelmäßigen Gebets zu betonen. Glaube und Gebet, Hören und Tun sind untrennbar miteinander verbunden. Stille Stunden sind für unsere Zeit vielleicht mehr denn je nötig und ins Bewusstsein zu rufen.

E. v. Tiele-Winckler: Christenadel (Geheftet 32 S.)

Mutter Eva betrachtet hier Verse aus dem Hohenlied Salomos (4, 6 - 5, 1). Sie deutet sie als Beschreibung der Liebe zwischen dem Einzelnen und dem Bräutigam Jesus Christus. Dem Leser begegnen tiefe Gedanken die eine neue Einsicht in Gottes wunderbare Liebe schenken und die an Gottes Liebe aufzeigen, wie menschliche Liebe sein kann, wenn sie von Gott geprägt ist.

Über Eva von Tiele-Winckler empfehlen wir:

Gertrud Frischmuth: Glaube und Leben bei Eva von Tiele-Winckler
(Pb. 48 S.)

Ein wertvoller Beitrag zur Frage des Verhältnisses von Rechtfertigung und Heiligung. Gertrud Frischmuth hat kurz und allgemeinverständlich Leben, Glaube und Lehre von E. v. Tiele-Winckler theologisch ausgewertet. An E. v. Tiele-Winckler wird gezeigt, dass nicht eigene Werke, sondern allein die bedingungslose Gnade Gottes gerecht macht – aber dann auch ein neues Leben und Hingabe an Gott bewirkt. Für alle, die sich mit E. v. Tiele-Winckler, dem Selbstverständnis christlicher Diakonie und dem Verständnis von Heiligung in der Gemeinschaftsbewegung beschäftigen wollen.

Über Eva von Tiele-Winckler empfehlen wir:

Walter Thieme: Mutter Eva (Pb. 344 S.)

Der Biographie über Eva von Tiele-Winckler spürt man ab, wie dieses tiefe, hingegebene geistliche Leben und die in vielen Anfechtungen und Kämpfen gereifte Persönlichkeit auf ihre Umwelt gewirkt hat. W. Thieme ist es gelungen ein verstehendes Bild des Erlebens und des Glaubens von Mutter Eva zu zeichnen. Das kann uns auch heute ein Ansporn für wirkliche Hingabe und für ein Leben des Dienens sein.

Für stille Stunden empfehlen wir besonders:

Fritz Binde: Die heilige Einfalt (Pb. 170 S.)

Der Evangelist Fritz Binde schrieb 49 vertiefende Betrachtungen über einen einfältigen, ursprünglichen Glauben. Betrachtungen, die das Wesen eines tiefen Glaubens zeigen und die damit neue Horizonte öffnen. Ein Hauch von Gottes Heiligtum atmet in diesen, aus langer seelsorgerlicher Erfahrung geprägten Gedanken. Ein Klassiker – in Sprache und Unmittelbarkeit der Gottesbeziehung.

Walter Nigg: Gerhard Tersteegen – Der Verstand des Herzens (Pb. 61 S.)

In dem Lebensbericht über Gerhard Tersteegen fragt Nigg nach dessen Bedeutung für unsere Zeit. Unter Anderem schließt er: „was seinem Leben den heiligmäßigen Glanz verleiht, der die Seele hell macht und dem Gemüt den köstlichen Frieden vermittelt, ist das Wort von der Stille, das er der Christenheit neu zu sagen den Auftrag hatte …"

Verlag Linea, 75323 Bad Wildbad, www.verlag-linea.de